AF242639

LA MAJORITÉ

DU

PRINCE IMPÉRIAL

ET

L'APPEL AU PEUPLE

PAR

UN CONSERVATEUR

L'appel au peuple, tel que l'entendent les bonapartistes, est en contradiction formelle avec la pratique et la doctrine des Bonaparte.

PARIS

E. DENTU, LIBRAIRE-ÉDITEUR

PALAIS-ROYAL, 17-19, GALERIE D'ORLÉANS

—

1874

Tous droits réservés

Je ne voudrais pas trop chagriner les bonapartistes.
Je connais parmi eux beaucoup d'hommes très distin-
gués, très honorables, que j'estime, et qui, d'ailleurs,
par la dignité, par la haute convenance de leur attitude,
imposent le respect.

Si donc j'aborde certaines questions qui les touchent
plus au vif, si je présente ces questions sous des cou-
leurs dont ils s'offusqueront, peut-être, ils compren-
dront néanmoins, je n'en doute pas, que je ne m'attaque
point à eux. J'ai toujours eu horreur les personnalités;
je ne me préoccupe que des principes ; et certes, ce n'est
pas vis-à-vis de ceux dont j'honore les convictions
sincères et résolues, que je me départirai des mes ha-
bitudes.

Paris, le 10 mars 1874.

LA MAJORITÉ
DU PRINCE IMPÉRIAL
ET L'APPEL AU PEUPLE

I

Voici le jour où le prince impérial va entrer dans sa dix-neuvième année. Si l'Empire était encore debout, ce jour-là, le prince serait majeur. Il le sera quand même aux yeux des bonapartistes, car ils n'admettent pas que l'Empire soit tombé; il est *empêché,* voilà tout !

C'est pourquoi, parmi les bonapartistes, grande est l'allégresse. Ils convoquent le ban et l'arrière-ban des fidèles ; tout le monde à Chiselhurst ! La fameuse députation ouvrière blanchit ses blouses, on cueille les violettes, on brode les abeilles, on rédige des adresses et l'on quête, pour elles, des signatures à domicile. Rien ne manquera à la fête, et, comme dirait *l'Ordre* dans son style imagé, on s'en *pourlèchera les paupières.*

Une pareille mise en scène n'a rien que de très naturel. On pourrait même y voir une flatterie délicate à la tradition impériale. L'Empire excellait aux prestigieux mirages. Qui a suivi Napoléon III partant pour Berlin en 1870 n'a pas oublié la pompe auguste qui l'environnait. Il y avait dans son cortége plus de fourgons richement garnis, plus de beaux équipages, de rutilantes cuirasses, que de plans topographiques dans le portefeuille des généraux et de biscuit dans le sac des soldats.

Au milieu de tout cela, ce qu'il importe de remarquer,

c'est l'entrain plus accentué des bonapartistes à sonner de *l'appel au peuple*.

L'appel au peuple ! c'est là, on le sait, leur cri de ralliement, leur vocable caractéristique. A la Chambre, ils s'intitulent fièrement « le groupe de l'appel au peuple. » Consolation, espérance, gage d'avenir pour eux ; menace, signe de perdition pour les autres.

Eh ! bien, n'en déplaise aux bonapartistes, l'appel aux peuples tel qu'ils l'entendent, tel qu'ils le prêchent, tel qu'ils voudraient le voir appliquer, est en contradiction formelle non-seulement avec la pratique, mais encore avec la doctrine du bonapartisme.

II

On a vu un jour M. Naquet invoquer en pleine Assemblée l'appel au peuple. Etait-ce de sa part une simple boutade, une ironique réponse à son collègue M. Louis Blanc qui, lui, renie l'appel au peuple, saluant la République comme l'institution primordiale, supérieure à toutes ces formalités de la politique humaine ? Je ne l'examinerai point.

L'Assemblée s'est empressée de faire justice de M. Naquet et de sa fantaisie ; l'appel au peuple a réuni tout au plus quatre-vingts voix.

Les bonapartistes, fourvoyés à la suite de M. Naquet, ont partagé son échec. Mais loin de s'en plaindre, ils s'en sont applaudis. « Notre groupe devient légion, » disaient-ils. Depuis Sedan, les bonapartistes sont peu difficiles en fait de victoire.

Je reviens à ma thèse.

III

Suivant les bonapartistes, l'appel au peuple doit s'entendre d'un appel direct et *à priori*. Le peuple serait convoqué dans ses comices, pour opter entre telle ou telle forme de gouvernement. On lui poserait cette question : « Veux-tu la Monarchie, la République ou l'Empire ? »

Les bonapartistes trouvent cette façon de procéder on ne peut plus simple, et, d'avance, ils se disent résignés à s'incliner devant le verdict populaire quel qu'il soit.

Cette résignation est digne d'éloges. Elle accuse chez les bonapartistes, pour la spontanéité du suffrage universel, un respect que, dans leurs meilleurs jours, ils ne lui témoignaient guère. Auraient-ils repentance des candidatures officielles?

Mais, si le peuple s'avisait de réfléchir, cette question que l'on dit si simple, ne risquerait-elle pas de se compliquer?

Quelle Monarchie? La monarchie de droit divin ou la monarchie de droit populaire? La monarchie absolue ou la monarchie constitutionnelle? La monarchie à charte consentie ou la monarchie à charte octroyée?

Quelle République? La république rouge ou la république tricolore? La république conservatrice ou la république radicale?

Quel Empire? L'empire autoritaire ou l'empire libéral? L'empire illustré à Sébastopol et à Solférino ou l'empire humilié à Sedan? L'empire des petites annexions ou l'empire des grandes mutilations? L'empire des dix-huit ans de prospérité ou l'empire de la banqueroute finale?

Il y a deux ans, *le Times*, dressant la statistique de nos partis et fractions de partis, en comptait jusqu'à seize, non compris, ajoutait-il, le parti du prince Napoléon.

Voilà bien des alternatives, et par suite des plébiscites assez embarrassants. Quelle tâche pour le peuple si on l'obligeait à trier d'un seul coup dans la masse! On voit où cela nous mène, et si la France n'aurait pas le temps de s'abîmer cent fois dans le gouffre révolutionnaire avant d'atteindre le but.

IV

Où les bonapartistes ont-ils donc pris cette idée de l'appel direct, de l'appel *à priori?* Assurément, ce n'est pas dans l'histoire des Bonaparte; l'histoire des Bonaparte la repousse absolument.

Est-ce que, pour le 18 Brumaire, Napoléon Ier, est-ce que, pour le 2 Décembre, Napoléon III, ont consulté *préalablement* le peuple? Non, ils ont exécuté leur coup d'Etat d'abord, en écrasant la loi sous la force; ils l'ont fait approuver ensuite en le flanquant d'une Constitution. C'était la carte forcée.

Telle est l'histoire, aucune subtilité ne la détruira. Les Bonaparte n'ont jamais consulté le peuple qu'après s'être emparé du pouvoir et avoir tout inféodé à leur volonté.

Napoléon Ier n'a pas même demandé au peuple la consécration de son titre d'empereur. Il s'est borné à l'interroger sur la succession.

« J'accepte, dit-il, au Sénat qui lui présentait la Couronne impériale, j'accepte le titre que vous croyez utile à la gloire de la nation. — *Je soumets à la sanction du peuple la loi d'hérédité.* »

Puis, il ajouta ces paroles fatidiques :

« En tout cas, mon esprit ne serait plus avec ma postérité, le jour où elle cesserait de mériter l'amour et la confiance de la grande nation. »

Ainsi, on le voit, l'appel direct ne répond aucunement à la pratique connue des Bonaparte. Répond-il à leur doctrine ? Pas davantage.

V

Sur ce dernier point, j'invoquerai un témoignage dont les bonapartistes ne récuseront point l'autorité.

On a toujours considéré, et à bon droit, Napoléon III comme le théoricien des principes bonapartistes. Toute sa vie de prétendant s'est passée à les étudier ; il rêvait de les appliquer lui-même. Or, à cette époque, lorsque les éblouissements du pouvoir ne le distrayaient point encore de son objectif, lorsque, réfléchissant aux catastrophes qui avaient précipité la chute du premier Empire, il en recueillait les leçons salutaires ; à cette époque de sérénité, de clarté, de jugement sincère et impartial, Napoléon III fixait déjà, dans les termes les plus nets, les plus précis, la doctrine de l'appel au peuple.

Quelle est cette doctrine ? Attribue-t-elle à l'appel au peuple le sens que les bonapartistes lui donnent aujourd'hui ? En fait-elle, comme eux, un oracle d'initiative ? Lui reconnaît-elle le droit de décider *à priori* de la forme d'un gouvernement ?

Napoléon III nous présente l'appel au peuple sous un tout autre aspect.

Pas d'appel direct, pas d'appel *à priori*. « *Le peuple,* dit Napoléon III, *n'a pas le droit d'élection, mais seulement celui d'approbation.* »

Par élection, il s'agit bien entendu, dans le texte de Napoléon III, du choix de l'Empereur ; mais il ne s'en prononce que plus explicitement contre l'initiative du peuple. Selon lui, le peuple ne proclame directement ni l'Empire, ni l'Empereur ; il donne seulement sa sanction, et cette sanction ne lui est demandée que lorsque l'Empire existe déjà, que l'avènement de l'Empereur est déjà un fait accompli. Ce n'est point un nouvel ordre de choses à créer ou à restaurer, c'est l'investiture du chef suprême préalablement nommé, à homologuer, à sanctionner.

« La souveraineté du peuple est garantie, parce qu'à l'avènement de chaque nouvel Empereur, *la sanction du peuple* sera demandée. »

Napoléon III va plus loin. Il suppose le trône vacant. Que statue-t-il en pareil cas ? Provoque-t-il un appel direct au peuple pour nommer un nouvel empereur ? Aucunement ; il défère ce droit aux Chambres ; le peuple n'a comme toujours que le droit de sanction. De question sur une double ou une triple alternative Napoléon III ne s'occupe pas ; il ne la prévoit pas.

Voici comment il s'exprime :

« L'avènement de l'Empereur au trône sera *sanctionné par le peuple*. Si le fils ou le plus proche parent du dernier Empereur ne convient pas à la nation, les deux Chambres proposeront un nouvel empereur, et la proposition *passera à la ratification du peuple*. »

Donc le peuple ratifie, il ne nomme pas. C'est clair.

Et Napoléon III ajoute :

« Les citoyens qui, à la mort du souverain, prendraient les armes pour imposer une nomination quelconque à l'Etat, seront déclarés traîtres à la patrie et mis hors la loi. »

Napoléon III oubliait évidemment ici le 18 Brumaire ; il ne songeait pas non plus à l'éventualité du 2 Décembre. Du reste, dans la tradition bonapartiste, il paraît que, du moment où il s'agit d'installer un empereur, tout est permis.

VI

Nous voilà à mille lieues de cette façon d'appel au peuple que l'on nous offre comme une panacée. Qu'y faire ? Le maître a parlé, et sa doctrine confirme la pratique. Tout se tient dans cet ordre d'idées chez les Bonaparte ; c'est même, le dirai-je ? l'un des rares points où Napoléon III se montre conséquent avec lui-même.

En effet, que d'étonnements nous sont réservés ! Napoléon III, prétendant, nous trace un idéal d'Empire ou d'*Empire-République* si différent de celui qu'il devait introniser aux Tuileries !

Par exemple, quelle idée nous donne-t-il de l'hérédité ? Et, du moment où il admet que le peuple peut en faire si bon marché, que devient cette majorité du prince impérial fêtée aujourd'hui par les bonapartistes avec tant d'éclat ?

Retenons, d'ailleurs, ce texte : « Un peuple a toujours le droit de revoir, de réformer, de changer sa Constitution. *Une génération ne peut assujettir à ses lois les générations futures.* »

Ceci est évidemment dirigé contre le droit divin ; mais, qu'en pense le prince impérial, et quelle force y trouverait-il pour l'avenir d'une dynastie dont ses partisans le reconnaissent comme le seul et légitime représentant ?

VII

Je crois le moment venu de soulever le voile dans lequel j'ai l'air de m'envelopper. On pourrait m'accuser de paradoxe. Quoi ! Napoléon III a dit toutes ces choses ? Parfaitement. A la vérité, il s'appelait alors le prince Louis Napoléon ; mais, qu'importe ! le prince Louis Napoléon contenait en germe Napoléon III ; il l'entendait ainsi, du moins ; et, quand il prenait la plume pour rédiger ses professions de foi et ses programmes, il comptait bien faire acte de prétendant, et capter les bonnes grâces de la France, en l'édifiant d'avance sur le système de gouvernement qu'il lui tenait en réserve pour le jour de son avènement.

Les textes que j'ai cités sont tirés d'un opuscule composé en 1832. Il renferme un *Projet de Constitution,* précédé d'un exposé de motifs intitulé : *Rêveries politiques.* Malgré ce dernier euphémisme, le prince Louis Napoléon attachait à cet opuscule un intérêt très sérieux ; il le soumit à Châteaubriant qui y joignit quelques observations malheureusement perdues. En 1848, le même opuscule parut dans l'édition des

OEuvres complètes de Louis Napoléon Bonaparte, publiée par M. Ch. Ed. Temblaire. Le prince, qui tenait alors à fixer sur lui l'attention de la France, provoqua et dirigea cette publication. C'était le *criterium,* d'après lequel on devait le juger; un avis placé en tête de l'ouvrage le dit expressément.

Naturellement, on chercherait en vain l'opuscule dont il s'agit dans les *OEuvres de Napoléon III,* éditées vers 1854, par la maison Amyot. Il fut élagué, *par ordre,* de tant d'autres écrits rétrospectifs sans portée politique qui en grossissent les volumes. Cela se conçoit. A cette époque, le parvenu avait tué le prétendant ; les actes de l'un contrastaient trop avec les doctrines de l'autre ; il fallait masquer une conversion qui eût pu prêter à de malins commentaires.

Mais j'entends déjà certains bonapartistes s'exclamer. Comment, vous prenez au sérieux ces rêveries de jeune homme ? Songez donc qu'au moment où ils les écrivait, le futur Napoléon III n'avait que vingt-quatre ans ! C'est vrai. Mais le prince impérial n'est-il pas d'un âge encore plus tendre ? Et, pourtant, quel éloge ne faites-vous pas de son intelligence, de sa capacité, de l'élévation de ses idées, de la dignité de son caractère, de la sagesse, de la fermeté de son jugement ? Chaque mot qui tombe de sa bouche est pour vous un oracle, et s'il publiait un livre, si mince qu'il fût, vous le garderiez religieusement comme l'Évangile de l'avenir.

Objecterez-vous que le prince impérial se croit plus près du trône que ne s'en croyait son père ? Ce serait une erreur. Tout le monde sait combien le prince Louis Napoléon, avait foi dans son étoile, comme le *doux entêté* de la reine Hortense obéissait d'instinct et avec une opiniâtreté que rien ne déconcertait au fatalisme de ses espérances.

D'ailleurs, si les textes que je donne sont empruntés à un écrit daté de 1832, ce même écrit n'a-t-il pas été publié de nouveau, par les soins mêmes du prince, en 1848 ? Or, en 1848, le prince avait quarante ans. A cet âge-là ou jamais, on doit savoir ce que l'on fait.

VIII

Qu'un simple publiciste illusionné ou emporté par les circonstances, s'abandonne à des appréciations ou même à des

opinions sur lesquelles, les circonstances ayant changé, il aura
à revenir, cela importe peu ; il n'a pas de responsabilité souveraine.

Un prétendant a des devoirs plus sévères. Il ne lui est pas
permis de s'aventurer à des affirmations qu'il risquerait de
regretter plus tard. Surtout quand il formule des théories qui
touchent au fond même de son principe et auxquelles il donne
la solennité d'un programme, il ne saurait être trop circons-
pect. Le pays l'écoute, le pays le juge ; et s'il se décide, enfin,
à lui confier ses destinées, c'est qu'il a la conviction que ses
paroles ou ses écrits ne sont point un simple appât d'occasion,
et qu'il y conformera ses actes. C'est là le premier jalon de
l'accord entre la nation et son chef. Tout désenchantement à
cet égard amène tôt ou tard les catastrophes ; l'histoire le
prouve.

Je ne sais si les bonapartistes trouveront de leur goût ce que
je dis. Ce qui est certain, c'est qu'ils se montrent fort sévères à l'endroit des prétendants qui leur sont étrangers.
Rappelons-nous leur langage pendant la dernière campagne
de la fusion.

La fusion les irritait ; c'était la fin de leur rêve ; aussi la
dénigraient-ils à outrance. Plus le vieil antagonisme entre les
deux branches de la maison de Bourbon promettait de s'amor-
tir, plus ils s'ingéniaient à le raviver.

C'est surtout derrière les déclarations du comte de Chambord qu'ils se retranchaient. Ces déclarations étaient l'arche
sainte ; le comte de Chambord n'avait pas le droit d'y toucher.
En vain soutenait-on que les temps étaient changés ; que le
présent n'était point nécessairement cloué au passé ; que l'an-
tique royauté pouvait se rajeunir et refleurir au souffle de l'esprit moderne. Les bonapartistes le niaient ; le rameau bour-
bonien, selon eux, était à jamais flétri ; c'était folie que de
vouloir lui inoculer une sève nouvelle.

Au moindre bruit de concessions du comte de Chambord,
les bonapartistes dressaient une oreille inquiète. Quoi! le
comte de Chambord se déjuger ! Le comte de Chambord re-
trancher une phrase, une syllabe, un seul mot de ce qu'il a dit!
Impossible. Et ils s'en prenaient aux princes d'Orléans qui,
on le sait, leur servent de tête de Turc ; ils les insultaient sans
merci. Traîtres et lâches qui cherchaient à entraîner leur

cousin dans un traquenard pour l'y perdre, lui et son honneur.

Oui, à entendre les bonapartistes, le comte de Chambord ne pouvait modifier en quoi que ce soit ses déclarations ; il ne pouvait se prêter à la moindre transaction, faire la plus légère concession sans forfaire à l'honneur.

Ne dirait-on pas vraiment que les bonapartistes appartiennent à une église où le dogme a toujours été inflexible, où les pontifes n'ont jamais professé d'autres doctrines que celles dont ils se prévalaient alors qu'ils n'étaient que simples clercs ?

Telle est, cependant, leur prétention, et rien n'égale l'aplomb avec lequel ils l'affichent. *L'Ordre,* un de leurs organes les plus accrédités, répondant tout récemment au *Journal de Paris,* s'exprimait en ces termes mémorables : « Nous demeurons toujours conséquents avec nous-mêmes et fidèles à nos principes ; nous parlons toujours le même langage, dans toutes les situations qui nous sont faites par les événements. »

IX

Je disais au début de cet écrit que je ne voudrais pas trop chagriner les bonapartistes. Il me faut pourtant bien mettre un peu d'eau dans le liquide capiteux dont ils s'enivrent.

J'ai déjà montré comment dans cette question de l'appel au peuple, qui leur est si chère, ils sont reniés par Napoléon III ; et cela plutôt dix fois qu'une. Ils ont beau faire balbutier leur formule par le prince impérial ; la langue docile du fils ne prévaudra point contre l'arrêt ferme et décisif du père.

Un des premiers motifs qui poussent les bonapartistes à réclamer l'appel au peuple, c'est qu'ils en espèrent l'expulsion de la République. Et pour y préparer le pays, pour le convaincre qu'ils sont les ennemis-nés de la République ; qu'elle est l'antipode de leurs principes et de leurs doctrines ; que les Bonaparte l'ont toujours eu en horreur, ils accablent la République de leurs récriminations les plus violentes, de leurs sarcasmes les plus amers. On n'a pas oublié ce mot prononcé naguère par un de leurs champions les plus hardis : « La République est le régime qui nous dégoûte le plus. »

Ici encore Napoléon III vient mettre le holà. Il fut un temps où il était fort loin de trouver le régime républicain aussi *dégoûtant*.

Je ne parlerai pas du serment qu'il lui prêta très librement, et dont, très librement aussi, il sut se dégager. Voici quelques-unes de ses idées sur la République rééditées en 1848 :

« Plus il y a, dans un pays, d'intelligences qui se montrent, plus il y a d'hommes capables de commander aux autres, plus les institutions doivent être républicaines. »

« La nature de la République fut d'établir le règne de l'égalité et de la liberté, et les passions qui la firent agir, l'amour de la patrie et l'extermination de ses ennemis. »

« Le jour viendra où la vertu triomphera de l'intrigue, où le mérite aura plus de force que le préjugé, où la gloire couronnera la liberté. Pour arriver à ce but, chacun a rêvé des moyens différents ; je crois qu'on ne peut y parvenir qu'en réunissant les deux causes populaires : celle de Napoléon II (remarquons que ceci a été écrit en 1832) et celle de la République. Le fils du grand homme est le seul représentant de la plus grande gloire, comme la République celui de la plus grande liberté. Avec le nom de Napoléon, on ne craindra plus le retour à la terreur ; avec le nom de la République, on ne craindra plus le retour du pouvoir absolu. »

« La partie la plus énergique de la France, cette portion qui ne se laisse jamais corrompre par le pouvoir et qui envoie à la tribune nationale ou au champ d'honneur des héros ou des hommes d'Etat, suivant les dangers de la patrie, cette grande portion de la nation, ce sont les patriotes, et les patriotes d'aujourd'hui sont en grande partie républicains. »

On peut constater par ces citations que, pendant son stage de prétendant, Napoléon III était beaucoup moins brouillé avec la République qu'on ne l'était l'année dernière à la salle Hertz ; et certes, s'il lui eût été donné alors d'intervenir dans les élections, il n'est guère croyable qu'il eût recherché l'alliance des légitimistes.

« D'après les opinions que j'avance, dit-il encore, on voit que *mes principes sont entièrement républicains*. Et si le Rhin était une mer, si la vertu était toujours le seul mobile, si le mérite parvenait seul au pouvoir, *je voudrais une République pure et simple*. »

Et d'accord avec ces déclarations, Napoléon III nous apprend qu'en esquissant son *Projet de Constitution*, publié en 1848, il en a tiré « la plus grande partie des Constitutions de 91 et 93. »

N'est-ce pas aussi au flambeau de cette dernière Constitution, que l'œuvre de la Convention semble lui apparaître comme une œuvre providentielle et qu'il place, en quelque sorte, la Convention au même niveau que Napoléon? « N'oublions pas, s'écrie-t-il, qu'il y a des moments de crise d'où la patrie ne saurait sortir triomphante qu'avec le génie d'un Napoléon ou la *volonté immuable d'une Convention* : car il faut une main forte, qui abatte le despotisme de la servitude avec le despotisme de la liberté, qui sauve la patrie avec les mêmes moyens qui l'auraient asservie. »

Il y a dans ces derniers mots quelque chose de mystique qui sent l'horoscope; mais de l'ensemble ressort ceci : c'est qu'en faisant tellement les *dégoûtés* avec la République, les bonapartistes s'écartent singulièrement des principes professés par Napoléon III, de ces mêmes principes, sous l'égide desquels il se présentait à la France en 1848, et qui évidemment, dans sa pensée, devaient l'aider à se concilier ses suffrages.

A tout prendre, le prince Napoléon, donnant la main aux radicaux, se trouve en concordance beaucoup plus étroite, beaucoup plus logique avec les déclarations de Napoléon III; il fait aujourd'hui ce que Napoléon III faisait il y a vingt-cinq ans. Même tactique aspirant naturellement au même triomphe.

Je ne vois donc pas pourquoi les bonapartistes s'obstinent à traiter le prince Napoléon de réfractaire. Cela s'appelle jeter des pierres dans son jardin.

X

A dire vrai, ces explosions de républicanisme, chez Napoléon III, n'ont jamais été prises très au sérieux. Même alors qu'il en recueillait les bénéfices on les suspectait. Un Bonaparte se proclamant républicain ne fait-il pas l'effet d'une gageure? Tel est sans doute, l'avis des bonapartistes, mais la question n'est pas là.

Ce qui est à considérer, c'est l'époque où ces explosions se sont produites et où elles ont été renouvelées ; c'est le but auquel elles paraissaient tendre ; c'est, enfin, leur contraste étonnant avec les actes qui ont suivi. A ce point de vue, il est difficile d'y découvrir autre chose qu'une habileté de prétendant spéculant en dépit de ses convictions personnelles, de ses traditions de famille, sur l'opinion du moment pour l'exploiter au profit de son ambition.

La vie politique de Napoléon III est pleine de ces manifestations à fracas, dont il se servait pour fasciner la foule, les oubliant ensuite comme lettre-morte. « L'Empire c'est la paix ! » — « L'Italie sera libre, des Alpes à l'Adriatique ! » et tant d'autres !...

Certes si, quant à l'inviolabilité des déclarations, les bonapartistes appliquaient à Napoléon III la même règle d'honneur qu'ils imposaient naguère avec une rigueur si implacable au comte de Chambord, ils auraient à prononcer contre lui un jugement sévère.

Jugement d'autant plus sévère que cette passion de Napoléon III pour la phrase réagissait le plus souvent de la manière la plus funeste sur les choses de son gouvernement. Les esprits réfléchis se tenaient en défiance ; on appelait ironiquement *le Moniteur universel* (journal officiel), le *Menteur universel* ; il suffisait qu'il affirmât une chose pour qu'on n'y crût pas.

Mais la masse, plus naïve, s'y laissait prendre ; elle mordait avec une docilité merveilleuse aux illusions dont on la berçait ; les allégations les plus stupéfiantes ne pouvaient la déconcerter.

Les défenseurs quand même de l'Empire, ceux qui l'admirent systématiquement jusque dans ses fautes, dans ses erreurs les plus flagrantes, qui s'obstinent, par exemple, à accuser l'opposition du désarroi de l'armement dans la dernière guerre, ne s'apercevant pas qu'en montrant le gouvernement impérial fléchissant devant l'opposition, même au risque de perdre le pays, ils lui enlèvent le prestige principal qui, suivant eux, le recommande à la confiance des populations, le prestige de la force, ces hommes, ces écrivains, qui semblent avoir pris à tâche de travestir l'histoire et d'obscurcir la vérité, prétendent que si l'Empereur a fait la guerre, c'est que le pays la voulait.

Admettons que ce ne soit point là un paradoxe, admettons que le pays ait réellement voulu la guerre, à qui la faute?

Est-ce que le pays pouvait s'imaginer que l'on ne fût pas prêt, le pays qui, depuis tant d'années, payait si largement pour l'accroissement et l'entretien de la flotte et de l'armée? D'ailleurs, le gouvernement impérial ne manquait aucune occasion de lui prodiguer les assurances les plus positives, les plus explicites sur l'état merveilleux de ses armements.

Voici en quels termes dythyrambiques le *Journal officiel* s'exprimait à ce sujet les 16 et 17 août 1869, c'est-à-dire quelques jours après la mort du maréchal Niel, et moins d'un an avant la guerre :

« **L'histoire dira avec quelle activité, quelle persévérance, quelle force de volonté, quelle merveilleuse fécondité de ressources, le maréchal Niel, entrant profondément dans la pensée de l'Empereur, est parvenu à résoudre ce problème, jusqu'alors réputé insoluble, de doubler les forces militaires de la France, non-seulement sans augmenter ses charges en temps de paix, mais en les allégeant pour les familles et en diminuant les dépenses du Trésor.**

» **Rappelons ici ce QUI A ÉTÉ FAIT; le tableau est assez grand pour se passer de commentaires :**

» **Une armée de ligne de 750,000 hommes disponible pour la guerre; près de 600,000 hommes de garde nationale mobile; l'instruction dans toutes les branches poussée à un degré inconnu jusqu'ici; nos règlements militaires remaniés et mis en rapport avec les exigences nouvelles; les conditions de l'existence du soldat et de l'officier largement améliorées, l'avenir des sous-officiers qui ne veulent pas poursuivre leur carrière militaire assuré par leur admission aux emplois civils; 1,200,000 fusils fabriqués en moins de dix-huit mois, les places mises en état et armées, les arsenaux remplis, un matériel immense prêt à suffire à toutes**

2

les éventualités quelles qu'elles soient ; et en
face d'une telle situation, la France confiante
dans sa force. Tous ces grands résultats obte-
nus en deux années. »

Est-ce assez clair, assez péremptoire ? Comment le pays se
fût-il douté qu'on le mystifiait ; que toutes ces belles phrases
n'étaient qu'un boniment d'aventure, destiné à la Prusse peut-
être, qui n'en était pas dupe, mais qui ne pouvait que tromper
la France ? Comment le pays eut-il pu s'attendre à ce que
l'aigle impérial, qu'on lui représentait comme si puissamment
armé, si magnifiquement équipé, au lieu d'aller se poser en
triomphateur sur les tours de Berlin, tomberait vaincu, mutilé,
humilié, dans les fondrières de Sedan ?

On cherche aujourd'hui à dénaturer ces tristes souvenirs, à
déplacer les responsabilités ; on n'y réussira pas.

Ne serait-ce pas le cas de reproduire ici, en la lui appliquant,
une autre phrase de Napoléon III : « Le malaise général
qu'on remarque en Europe vient du peu de confiance que les
peuples ont en leurs souverains. *Tous ont promis, aucun n'a
tenu.* »

XI

Je reviens aux professions de foi républicaines du prince
Louis Napoléon, et je me demande pourquoi, devant en tenir
si peu de compte, il s'en est embarrassé. Qu'en avait-il besoin ?
Qu'avait-il besoin même de briguer la présidence de la République et de lui prêter serment ?

Dès lors qu'il aspirait non à un Empire-République, mais
à l'Empire pur et simple, sa position était des plus nettes ;
elle était absolument identique à celle du Prince impérial.

Que nous disent les docteurs du bonapartisme ? Ils nous
disent, que les droits héréditaires du prince impérial sont
intacts. Ni les désastres de la guerre, ni la captivité ou l'exil de
la famille souveraine, ni la proclamation de la déchéance par
l'Assemblée, ne sauraient y porter atteinte. Institués par un
plébiscite, ces droits ne peuvent être abrogés que par un plébiscite ; or, depuis Sedan, aucun nouveau plébiscite n'a été
proposé à la France.

Ainsi, parlent les docteurs du bonapartisme, j'entends les plus sérieux, les plus logiques.

Il s'en trouve, en effet, parmi eux qui se vantent d'accepter la déchéance. Vantardise absurde! Accepter la déchéance, c'est reléguer le prince impérial dans le droit commun, c'est en faire un simple citoyen, c'est paralyser d'avance l'effet attendu de sa majorité. Car enfin, de qui le prince impérial tient-il ses titres? Uniquement du suffrage populaire. Donc, vous ne pouvez, vous bonapartistes, accepter une déchéance qui brise l'arrêt porté par ce suffrage. Le prince impérial n'a point, comme l'héritier des Bourbons, le privilége d'emporter avec lui dans l'exil le palladium du droit divin.

Eh! bien, en 1848, quelle différence y avait-il, eu égard à l'hérédité dynastique entre la position du prince Louis Napoléon et la position actuelle du prince son fils? Est-ce que Napoléon II étant mort, Napoléon II en faveur duquel Napoléon Ier avait abdiqué, le prince Louis Napoléon n'était pas l'héritier direct de la Couronne? Il l'était en vertu du Sénatus-Consulte organique du 18 mai 1804, sanctionné par un plébiscite et que jusqu'à 1848, aucun autre plébiscite n'était venu infirmer.

Par conséquent, au lieu de se mêler de République, de violer son serment, de hasarder son coup d'État, de se livrer, en un mot, à une foule d'expédients et de violences, le tout dans le but de rentrer dans l'Empire, pourquoi, conformément aux principes posés par lui, ces mêmes principes que je rappelais tout à l'heure, le prince Louis Napoléon n'a-t-il pas songé tout simplement à revendiquer les droits héréditaires qui lui avaient été conférés, en 1804, et à faire sanctionner son avènement par le peuple?

Pourquoi? Ah! c'est que le prince Louis Napoléon ne partageait point l'opinion des bonapartistes de nos jours. Il ne croyait pas à l'éternité des plébiscites; il reconnaissait aux événements une force qui leur était supérieure; et, pour reconquérir le terrain qu'ils lui avaient enlevé, il jugea nécessaire de mettre lui-même la main à l'œuvre.

Le prince impérial attend tout, soi-disant, de la volonté spontanée du peuple. Le prince Louis Napoléon, bien qu'au moment dont il s'agit la légende impériale fût encore libre des épreuves qu'il devait lui infliger un jour, le prince Louis Napoléon était moins confiant. L'appel au peuple lui semblait avoir besoin d'un peu d'aide. C'est pourquoi, pour fixer plus sûrement ses suffrages, il s'arrangea de manière, non à lui laisser le choix entre la Monarchie, la République ou l'Empire, mais à supprimer toute compétition, et à s'offrir à lui comme seul et unique objectif.

Observons, en passant, que dans ces arrangements, d'où devait sortir le 2 Décembre, le prince Louis Napoléon se montra infiniment plus avisé que Napoléon III dans sa dernière guerre contre l'Allemagne. Il sut alors se ménager des alliances, il sut trouver des vivres, des munitions, des armes et des soldats. Le moyen, après cela, que le peuple lui marchandât sa sanction !

Les bonapartistes nous assurent que le prince impérial est décidé à rompre avec cette tradition. Il ne fera rien pour provoquer ou pour violenter l'élan du peuple ; il attendra patiemment, sous l'orme, l'heure de son bon plaisir.

Je crois que si l'on demandait aux bonapartistes de quelle manière, l'appel au peuple demeurant spontané, direct, *à priori,* ils en comprennent l'exercice, je crois que leur réponse serait fort embarrassée. Par moments, ils laissent échapper des mots qui trahissent de leur part une grande inconsistance de pensée. Ainsi, cette fière bravade lancée aux ministres du Septennat par un de leurs publicistes que la dernière circulaire, si modérée et néanmoins si bien touchée de M. le duc de Broglie, avait mis hors de lui :

« Nous vous accordons le présent, nous vous l'accordons sans réticence, sans arrière-pensée, loyalement, honnêtement, mais ne demandez pas davantage, vous ne l'auriez pas. L'honneur de notre cause s'y refuse, et l'avenir, vous le savez bien, l'avenir n'est pas à vous : *il est à celui qui saura le prendre.* »

Eh bien ! donc, qui empêche ceux auxquels s'adresse le publiciste bonapartiste de songer, eux aussi, à le *prendre ?* En tout cas, l'expression est singulière chez un avocat de l'appel direct. Quand on a foi dans cet appel on ne *prend* pas, on attend que l'on vous *donne.*

Mais il ne faut pas trop éplucher les déclarations des bonapartistes. Boutades fanfaronnes pour la plupart, éclats de fantaisie plus propres à faire sourire qu'à imposer, brutalités de mauvais goût souvent. Et puis, quelles discordances !

C'est absolument comme cette manie de tomber en extase devant les moindres paroles du prince impérial, et de nous les signaler comme des phénomènes. Mon Dieu! sans contester le moins du monde la capacité du Prince impérial, il est bien permis de ne pas oublier qu'il entre à peine dans l'adolescence, qu'il n'a pas encore quitté les bancs du collége. A cet âge et dans cette situation, on n'est pas précisément d'une aptitude transcendante pour dresser des plans définitifs de gouvernement et résoudre sans retour les problèmes de l'avenir.

Songeons, d'ailleurs, que Napoléon III, son père, son maître, et aussi, nous dit-on, le modèle qu'il tient à imiter, a passé toute sa vie à formuler des mots, de grands mots, à faire des professions de foi, à rédiger des programmes. A quoi tout cela a-t-il abouti?

Le prince impérial serait-il résolu à suivre son modèle jusqu'au bout, et, pour rendre l'imitation plus parfaite, à tenter, lui aussi, un autre Strasbourg ou un autre Boulogne? On prétend que certains bonapartistes, tout aussi peu rassurés que Napoléon III sur les miracles de l'appel direct, y comptent bien.

XII

J'ai parlé de discordances. La tâche serait longue à relever toutes celles dont le bonapartisme est encombré; je vise surtout le bonapartisme tel que l'a fait le second Empire.

On ne connaît certainement aucun régime qui se soit signalé par tant de projets avortés, d'entreprises tentées puis aussitôt abandonnées, d'affirmations doublées de contradictions, de tâtonnements dérisoires, d'éclats de force s'éteignant dans l'énervement, de fermeté préludant au vertige, d'incohérence dans les actes, de désarroi dans les résolutions, d'antagonisme dans les doctrines et les idées, par tant de promesses solennelles et de déceptions irritantes.

C'est au point qu'on se demande où est dans le bonapartisme le vrai principe dominant, le vrai *criterium;* si c'est une institution politique, dans le sens strict du mot, ou si ce n'est pas plutôt un régime d'expédients, accommodable peut-être à certaines circonstances, mais dont la durée est nécessairement

éphémère ; et qui, manquant de cette cohésion intime, de ces
éléments d'unification profonde, seule condition d'une vitalité
solide et résistante, est condamné, quoi qu'il arrive, à se dis-
soudre dans les catastrophes.

Et quand il tombe sa chute ne ressemble à aucune autre.
Elle a toujours l'air d'une expiation ou d'une vengeance. Elle
laisse aux flancs du pays qui l'avait accepté ou subi une de ces
plaies formidables que le patriotisme ne réussit à fermer
qu'au prix des efforts les plus laborieux, des sacrifices les plus
héroïques.

On s'étonne des divisions qui se produisent au sein du parti
bonapartiste ; l'étonnant est qu'il ne s'y en produise pas davantage. C'est bien là qu'il est permis de s'attendre aux épar-
pillements d'opinions les plus fantasques ! *Quot capita tot
sensus.*

Je ne veux pas multiplier les exemples ; je m'en tiens à
l'opuscule de 1848. Au point de vue des principes et des doctrines, il y a dans cet opuscule comparé à ce qui a prévalu
depuis, un enseignement précieux pour ceux qui vont deman-
der au jeune prétendant de Chislehurst ce qu'ils doivent attendre de lui dans l'avenir.

XIII

Napoléon III, je l'ai dit, avait vingt-quatre ans quand il
conçut et rédigea son projet de Constitution. Il avait quarante ans quand, profitant d'une crise politique qui devait
l'empreindre de plus d'actualité, il le fit rééditer et le livra,
comme l'expression de sa propre pensée, au jugement de l'o-
pinion publique.

Rien n'est oublié dans ce projet. C'est une Constitution de
toutes pièces. Quel compte Napoléon III en a-t-il tenu dans la
Constitution rédigée par lui quatre ans après, soumise par lui
à la sanction du peuple ? Y a-t-il observé, pour ses déclarations précédentes, cette même fidélité, cette même inflexi-
bilité dont pour la moindre de ses paroles, suivant les bonapartistes, le comte de Chambord ne saurait se départir sans
forfaire à l'honneur ?

On va en juger.

XIX

Et d'abord, le principe inspirateur des deux Constitutions. Celle du prétendant procède de 1791 et de 1793 ; celle du parvenu de 1799 et de 1804. Républicain, Napoléon III marche avec la Convention; Empereur ou quasi-Empereur, il tourne le dos à la Convention. Question d'opportunité.

Par exemple, sur la doctrine de l'appel au peuple telle que Napoléon III l'avait définie d'abord, les deux Constitutions restent fermes, ce qui prouve, une fois de plus, que cette doctrine est la seule base fondamentale et caractéristique du bonapartisme, et qu'avec leur appel spontané, direct, *à priori,* les bonapartistes d'aujourd'hui sont dans le faux.

Le projet de 1848 s'ouvre par la Déclaration des droits de l'homme et du citoyen, comme la Constitution de 1852 par le rappel des grands principes de 1789. C'est le cliché obligé. Seulement, eu égard à ces droits et à ces principes, Napoléon III se montre infiniment plus prolixe en 1848 qu'en 1852. Ainsi il écrit ceci :

« Le droit de manifester sa pensée et ses opinions, soit par la voie de la presse, soit de toute autre manière, le droit de s'assembler paisiblement, le libre exercice des cultes ne peuvent être interdits. »

« Le cautionnement pour les feuilles périodiques est interdit. »

« Nul ne doit être accusé, arrêté ni détenu que dans les cas déterminés par la loi, et selon les formes qu'elle a prescrites.»

« Tout acte exercé contre un homme hors des cas et sans les formes que la loi détermine, est arbitraire et tyrannique; celui contre lequel on voudrait l'exécuter par la violence, a le droit de le repousser par la force. »

« L'accusateur public sera nommé par le peuple. »

« Les citoyens ne peuvent être distraits des juges que la loi leur assigne, par aucune commission ni par d'autres attributions et révocations que celles qui sont déterminées par les lois. »

Il est superflu d'expliquer pourquoi ces dispositions ne figurent pas dans la Constitution de 1852. Les opérations du 2 Décembre et les lois d'amour qui les ont complétées en eussent par trop gêné la rédaction.

Çà et là quelques grains de socialisme, cela faisait bien en 1848.

« Les secours publics sont une dette sacrée. La société doit la subsistance aux citoyens malheureux, soit en leur procurant du travail, soit en assurant les moyens d'existence à ceux qui sont hors d'état de travailler. »

M. Louis Blanc, M. Billault lui-même, n'eussent pas mieux dit. Du reste, cette manie de socialisme n'a jamais cessé de tourmenter Napoléon III, même sur le trône. Il est vrai qu'il ne s'y livrait que dans la stricte proportion jugée par lui utile à sa popularité. Il n'a jamais su prendre ces larges résolutions qui atteignent le fond des choses et impriment à une réforme un caractère définitif ; il se bornait à des demi-mesures qui, on le sait, sont les pires de toutes.

Un écrivain bonapartiste d'un talent distingué, qui a traversé *le Constitutionnel* à l'époque où ce journal était simplement libéral et conservateur, a parfaitement saisi ce côté défectueux de la politique de Napoléon III :

« Rappelons, dit-il, une idée de l'Empereur, idée à jamais déplorable, d'où l'anarchie ne pouvait manquer de sortir :

« *Aujourd'hui, la rétribution du travail est abandonnée au hasard et à la violence. C'est le maître qui opprime ou l'ouvrier qui se révolte.*

» *La pauvreté ne sera plus séditieuse lorsque l'opulence ne sera plus oppressive.* »

« Cette seule idée fut comme le cancer ou le bouton d'Alep de l'Empire. »

Le même écrivain s'élève avec énergie contre ces associations ouvrières que l'Empire laissait sans contrôle, contre la loi des coalitions et celle des réunions publiques « dont l'exercice a scandalisé deux ans l'Europe entière, et d'où *le 4 Septembre et la Commune sont sortis.* »

« Un moment, ajoute-t-il, l'Empire n'eut-il pas la funeste idée de profiter de l'inflammation de ces fournaises dites réunions publiques, pour assurer le plébiscite, en augmentant par sa tolérance la terreur que ces clubs rugissants inspiraient au pays ? Mais il n'est pas possible de jouer impunément avec la poudre et le tison. » (*Constitutionnel* du 9 septembre 1872.)

Revenons aux constitutions.

Nous avons vu que, en 1848, Napoléon III n'admettait pas *qu'une génération pût assujettir à ses lois les générations futures.* En 1852, il change d'avis ; il reconnaît aux Français d'alors le droit d'engager leurs descendants à perpétuité, mais au profit de sa dynastie seulement. Il néglige même ce correctif de 1848, qui autorisait le peuple, soit à accepter, soit à rejeter tout nouvel empereur arrivant au trône. Cette formalité qui, aux yeux du prétendant, s'encadrait si bien dans le dogme du droit populaire, semble au parvenu un hors-d'œuvre. Il a fallu la guerre d'Allemagne pour la ramener sur l'eau, et encore savons-nous combien le sens qu'on prétend lui attribuer s'écarte du sens originel.

Dans le projet de 1848, la République forme l'organisme fondamental de l'État : *La République française est une et indivisible.* C'est un souvenir de la Constitution de 1804, laquelle amalgamait la République avec l'Empereur. La Constitution de 1852 supprime cet amalgame. Personne ne s'en plaindra ; la situation est plus franche. Tout au plus pourrait-on s'étonner de ce que le prince Louis Napoléon eût oublié si vite ses formules républicaines et ses prédilections pour la Convention.

Parlerai-je de l'Empereur et de ses ministres? Voici le texte de 1848 :

« La personne de l'Empereur est inviolable tant qu'il ne viole pas ses serments. Les ministres sont responsables de tous les délits commis par eux contre la sûreté nationale et la Constitution, de tout attentat à la propriété et à la liberté individuelle, de toute dissipation des deniers destinés aux dépenses de leur département. »

« La responsabilité des ministres sera déterminée par une loi. »

Rien de semblable dans la Constitution de 1852. Le Président de la République a enterré d'avance le serment de l'Empereur, les ministres ne sont que des commis.

Citons un article curieux : « Un ministre ne peut être banquier ni jouer à la Bourse. » O ombre de Fould ! que penses-tu de cet ostracisme?

En 1848, il est entendu que le Sénat et le Corps législatif (Chambre des Tribuns du peuple) nommeront chacun leur président. En 1852 on les dispense de cette tâche.

Mais rien n'égale les soins consciencieux, les mesures pleines de sagesse qui, dans le projet de 1848, devaient présider au choix des sénateurs.

D'abord : « Nul prince de la famille impériale ne peut être sénateur par droit de naissance. »

Ensuite, « Pour être sénateur, il faut avoir rendu un service éminent à la patrie, et que ce service soit constaté par la Chambre des Tribuns du peuple. »

« Les colléges électoraux convoqués par l'Empereur ont seuls le droit de proposer les Sénateurs à la ratification des Tribuns, du Sénat et de l'Empereur. »

Précautions analogues pour les nominations dans la Légion d'honneur. « La Légion d'honneur est maintenue, mais elle n'est décernée par l'Empereur que lorsque le mérite de l'individu est reconnu par une commission nommée dans ce but. »

Inutile n'est-ce pas ! de rappeler ce que ces excellentes dispositions sont devenues sous la Constitution de 1852. On sait quelle sorte de mérite l'Empire récompensait par la Légion d'honneur, et ce qu'il entendait par services éminents rendus à la patrie dans certains personnages qu'il gratifiait d'un siége au Sénat.

Je terminerai ces extraits par un article qui semble bien étrange sous la plume d'un homme dont le nom patronymique restera dans l'histoire comme le symbole de l'invasion :

« *Le peuple français ne fait point la paix avec un ennemi qui occupe son territoire.* »

Serait-ce en souvenir de cet article que les bonapartistes s'évertuent si fort à décliner pour l'Empereur et pour l'Impératrice la responsabilité de la paix de 1871 ? Il est vrai qu'ils s'évertuent aussi à les décharger de la responsabilité de la guerre.

XX

Ce court exposé comparatif des professions de foi et des programmes de Napoléon III comme prétendant et de sa conduite, soit comme Président de la République, soit comme Empereur, est, on en conviendra, singulièrement instructif. Je le recommande à ceux des bonapartistes qui vont prendre le mot d'ordre à Chislehurst.

Si pour honorer la mémoire de son père et obéir à ses leçons, le prince impérial daigne leur révéler les conditions dans lesquelles il prétend faire le bonheur de la France, je les engage à garder le « bon billet » pour eux. La France est fixée sur la valeur des promesses et des serments des héritiers jeunes et vieux de la famille Bonaparte, et elle pourrait bien répondre par un éclat de scepticisme à de nouvelles assurances que l'expérience du passé l'empêchait de prendre au sérieux.

XXI

Quand un homme, après être parvenu au but suprême de son ambition, se hâte de jeter par-dessus bord tout ce qu'il avait conçu, médité, projeté pendant les meilleures anuées de sa vie, on peut affirmer avec certitude, en le jugeant dans le meilleur sens, que cet homme-là n'est point un caractère. Il se pliera aux circonstances ; il les flattera, il ne les dominera pas ; et s'il arrive que les circonstances le servent, il pourra arriver aussi qu'elles le trahissent ; alors il tombera. Son inconsistance, son irrésolution, perceront toujours ; ses plus belles qualités s'étioleront comme une plante vide de sève ; dans chaque parti qu'il prendra, surtout aux occasions tragiques, on sentira plutôt le coup de tête, la boutade brusque, que la décision mûrie, ferme, armée contre toutes les conséquences.

Tel a été Napoléon III. Nul de ceux qui ont pénétré la philosophie de sa vie ne me contredira. C'est pourquoi il était réservé aux déceptions amères. Porté par les événements à la plus haute fortune, il s'y est montré inférieur. Il ne profitait jamais qu'à demi de ses avantages ; son esprit manquait d'envergure. Absorbé en lui-même, et ne visant qu'à sa propre apothéose, il ne rayonnait pas. Il n'effrayait ni ne rassurait assez ; il laissait trop faire ceux qui avaient intérêt à mal faire. C'était une apparence de sphinx, mais dont l'énigme, une fois devinée, devait éteindre le prestige. Aussi, quand est venue la crise de la dernière heure, n'a-t-il trouvé aucun allié à l'étranger, et la France entière s'est-elle tournée contre lui.

Les bonapartistes célèbrent les magnificences de l'Empire. Ils ont raison. Sous l'Empire, la France a vu de beaux jours.

Ils ne devraient cependant pas se montrer trop excessifs. Quand les bonapartistes ont cité « les dix-huit ans de prospérité, » ils s'imaginent avoir répondu à tout. On dirait vraiment que si l'Empire eût manqué, la France fût morte de faim.

L'Empire est venu au milieu des circonstances les plus favorables. Relevée par la sagesse de la Restauration des désastres que lui avait infligés le règne prestigieux mais écrasant de Napoléon Ier, lancée ensuite par le gouvernement pacifique et libéral de Louis-Philippe dans une sphère d'activité laborieuse et féconde, la France n'avait besoin que d'une impulsion habilement dirigée pour monter rapidement au sommet de la fortune. Ni la révolution de Juillet, ni la révolution de Février, n'avaient assez entamé sa force de production pour y mettre obstacle.

L'Empire donna cette impulsion. S'il y déploya plus d'énergie que n'eût fait, peut-être, tout autre régime, s'il poussa surtout, avec une sorte de vertige, au développement des intérêts matériels, c'est que les prodromes de son avènement étaient loin de se distinguer par une moralité assez glorieuse pour qu'il ne cherchât pas à en distraire les esprits.

A ce point de vue, les dix-huit ans de prospérité paraissent beaucoup moins surprenants. Si l'Empire eût trouvé la France dans l'état où il l'a laissée après Sedan, et où, par suite de ses folles aventures, elle languit encore aujourd'hui, il est à croire qu'il n'eût été, ni plus prompt, ni plus habile que ce gouvernement loyal et dévoué auquel certains bonapartistes ne craignent pas d'administrer chaque jour leurs superbes leçons. Grande est la différence entre continuer un édifice assis déjà sur un fondement solide et relever des ruines.

Et puis, quand on voit les dix-huit ans de prospérité couronnés par une guerre insensée, une défaite humiliante, une invasion ruineuse, une mutilation de territoire, une rançon de cinq milliards et tant d'autres calamités dont nous subissons encore les conséquences, n'estime-t-on pas qu'ils ont été payés assez cher? Que dirait-on d'un chef d'entreprise qui, après avoir longtemps gorgé ses actionnaires d'opulents dividendes, leur enlèverait tout à coup la plus belle part de ce qu'il leur aurait fait gagner par une gigantesque banqueroute?

Ajoutons que les procédés dont usait l'Empire pour activer

la prospérité ont eu, pour la plupart, un caractère trop problématique, quelques-uns une fin trop misérable pour qu'on puisse les admirer sans réserve.

Un diagnostic infaillible pour juger les dix-huit ans de prospérité, c'est l'effet qu'ils ont produit sur la nation, sur le gouvernement lui-même. Cet effet est celui d'un énervement immense et tel que la France n'en avait jamais connu. Je n'entrerai pas ici dans les détails; le triste phénomène est constaté par quiconque réfléchit.

Bien des années avant Sedan, l'Empire chancelait déjà. Chaque jour, chaque heure le rapprochait de sa chute. Sa force s'était atrophiée, son système, ce système qui, grâce aux circonstances, lui avait longtemps réussi, était usé; tout se disloquait. Les conseillers de l'Empereur les plus clairvoyants lui prodiguaient les avertissements. On connaît leurs lettres. L'Empereur, de son côté, sentait le mal, il s'en affectait; mais il hésitait sur le remède. Après avoir muselé la presse, il recourait à elle, il inspirait les journaux qu'il soutenait de sa cassette; il leur envoyait des articles ou des brouillons d'articles. Voici un de ces brouillons écrit de sa main et trouvé parmi les papiers des Tuileries. Je le cite parce qu'il montre comment l'Empereur appréciait son administration, cette administration que les bonapartistes nous représentent comme la première du monde, et qu'ils aspirent à voir relever dans toute l'étendue de la France.

« Il est un fait réel, c'est que l'Empereur est resté aussi populaire qu'il y a quinze ans, tandis que son gouvernement ne l'est pas.

» D'où vient cette anomalie?

» C'est que les agents du pouvoir, au lieu d'imiter la bienveillance extrême du chef de l'Etat, sa modestie et sa simplicité, ont été infatués des pouvoirs qui leur étaient délégués, et qu'ils ne se sont pas assez occupés de suivre les inspirations des populations et ne se sont pas assez occupés de leurs intérêts.

» Les administrations sont restées hautaines et routinières.

» Les préfets ont voulu faire les pachas et imposer leurs volontés aux populations.

» Le gouvernement de l'Empereur est le plus honnête qui ait jamais existé, mais il s'est laissé contaminer par des hommes qui, sans être au pouvoir, étaient en relation avec le gouvernement et qui le compromettaient par leurs spéculations.

» La presse, au lieu de contrôler les actes de tous les agents du pouvoir, ou a été servile ou rebelle. »

En dépit de tous ces articles, de tous ces conseils, le mal empirait, et déjà la révolution était aux portes. Oui la révolution : le plus clair résultat des dix-huit années de prospérité avait été de conduire le gouvernement et le pays au bord de l'abîme révolutionnaire. Or, pour conjurer le cataclysme, qu'imagina-t-on? On imagina de faire appel à ces anciens partis tant abhorrés. On espérait qu'en infiltrant un peu de leur sagesse, de leur expérience, de leur honnêteté, de leur libéralisme dans ce système qui se mourait, on parviendrait à le ranimer ; on espérait rendre au pays une confiance que les bonapartistes purs ne pouvaient plus lui inspirer; on espérait enfin sauver la loyauté de l'Empereur de la suspicion que sa nouvelle politique eût nécessairement provoquée. Voilà, au moment où l'Empire ne pouvait plus compter sur l'influence de ses partisans ; au moment où les classes moyennes l'abandonnaient, où la révolution l'assiégeait, voilà l'effet qu'on attendait du concours des monarchistes.

Ce n'est pas moi qui dit cela, c'est d'abord un des confidents du général Fleury. Il s'exprime ainsi : « Ayant en face de nous les démagogues, nous n'avions pas le soutien des classes moyennes. L'arrivée au ministère des hommes dits des anciens partis nous a apporté le salut. Il faut leur en savoir gré.»

C'est ensuite le général Fleury lui-même. Je cite la lettre écrite par lui de Saint-Pétersbourg à M. Clément Duvernois, le 9 février 1870, lettre dont l'original faisait aussi partie des papiers recueillis aux Tuileries.

« Du fond de mon exil volontaire, il me semble ressortir ceci, c'est que le ministère, par cela même qu'il se compose d'éléments divers, répond au besoin de la situation. Ce qu'il fallait, c'était de donner satisfaction aux deux autres, afin de désarmer les oppositions monarchique et parlementaire et les amener dans notre camp. *Il fallait reconstituer le grand parti conservateur libéral, pour l'opposer à la révolution qui veut nous dévorer.* Ollivier seul, avec un ministère composé de Chasseloup, de Magne et de quelques nouveaux, n'aurait pu suffire à la tâche. Aussi Magne et Chasseloup ont-ils fait acte de véritable esprit politique en se retirant pour le moment et laissant la place aux Buffet, Daru et Talhouët : *Le concours de ces hommes, plus ou moins orléanistes, est précieux, en ce sens* qu'il rend au service de l'Empire les coryphées mêmes du duc d'Aumale. Leur arrivée a donné confiance et créance dans la transformation. Elle fait à l'Empereur un rôle de franchise et d'abnégation qui le grandit considérablement à l'étranger. *Dans d'autres conditions toutes les concessions qu'il a faites n'auraient pas été considérées comme loyales, et derrière chacune d'elles l'on aurait persisté à voir la menace d'un coup d'Etat. »*

XVII

Je finis sur cette lettre.

Voilà donc où en était l'Empire au bout de ses dix-huit ans de prospérité ! Une machine détraquée, et qui, sans l'étai monarchique, eût croulé. C'était humiliant. N'est-ce point par dépit de cette humiliation que les meneurs de la Cour précipitèrent la guerre ? Des politiques plus autorisés que moi l'ont affirmé. On comptait brusquer la victoire, brusquer la paix ; puis reprendre le vieux système rajeuni et transfiguré. La fatalité, comme l'a dit Napoléon III, devait en décider autrement.

Et c'est là le régime que l'on voudrait nous ramener ! On prétend qu'après nous avoir perdus, lui seul peut nous sauver. Etrange hallucination ! La France est-elle donc cette *anima vilis* sur laquelle il soit permis de tenter de pareilles expériences ?

D'ailleurs, le ramener avec quoi ? Avec un jeune homme de dix-huit ans, avec une femme intéressante, sans doute, mais qui n'a rien de l'homme d'Etat, avec un cortége de personnages qui ne s'entendent pas entre eux; et qui, malgré certaines individualités d'elite, semblent bien moins former un parti politique qu'une coalition d'intérêts. Ce régime reviendrait qu'il ne tiendrait pas.

Mon Dieu ! tout autant que personne, je rends justice à ce que l'Empire a fait de bon. Pour ma part, je n'ai pas eu à me plaindre de lui. Si donc, aujourd'hui, je suis sévère avec l'Empire, je n'obéis à aucun ressentiment personnel. Les malheurs qu'il a attirés sur la patrie ont mis à découvert ce qu'il y avait de faux, d'aventureux dans son système. J'ai cru utile de le constater ; c'est mon droit.

La France a placé à sa tête un gouvernement dans lequel elle a confiance, et dont la capacité, la loyauté, le dévouement sont à la hauteur de la tâche réparatrice qui lui est imposée. Le devoir de tous est de le respecter et de l'aider.

Que les bonapartistes s'étourdissant des chimères de l'appel au peuple, et, dans le but d'avancer la réalisation de leurs espérances, se gardent donc de l'entraver ! Qu'ils lui épargnent aussi cette protection hypocrite, ces conseils de pédagogue dont il n'a que faire et qui ne trahissent de leur part que l'orgueil et le dédain ! Le rôle des bonapartistes est de se montrer modestes et repentants. L'avenir quoi qu'ils disent, n'est pas à celui qui saura le prendre ; il est à celui auquel Dieu le donnera, et Dieu le donnera à qui le méritera.

Paris. — Imp. Balitout, Questroy et Cⁱᵉ, 7, rue Baillif.

www.ingramcontent.com/pod-product-compliance
Lightning Source LLC
Chambersburg PA
CBHW051357050726
47595CB00006B/2602